ICH GLAUB AN DICH!

AF196478

>>> ## Inhaltsverzeichnis

Dieses Buch ist besser als ein Proteinshake, es wirkt länger als ein Energydrink oder ein Power-riegel. **In diesem Buch stecken viele Energie-portionen – Ermunterungen und Wünsche.** Du kannst immer danach greifen, wenn du ratlos, mutlos oder einfach nur ungeduldig bist.

Sie zeigen dir immer wieder: Du kannst das Un-mögliche möglich machen. Vertrau auf deinen Heiligen Geist, vertrau auf dich, vertrau auf uns.

ENERGY!

DIE ERSTEN FLUGVERSUCHE

DIE IDEE VOM FAHRRAD

DAS BRETT MIT VIER RÄDERN

Manchmal beginnt alles mit einer kleinen,
vielleicht sogar verrückten Idee ...

Es braucht immer jemanden,
der einfach mal beginnt.

Jemand, der sich denkt:
»Das sollte doch funktionieren ...
Warum probieren wir es nicht aus?«

Jemand, der es ausspricht.

Jemand, der sich traut und alles auf
eine Karte setzt.

Welche Ideen hast du? Große Visionen oder nur einen klitzekleinen Einfall? Erst noch eine ungefähre Skizze oder schon ein klarer Plan mit allen Details? Lass es raus, bring es ein! Zuhause, bei den Freunden, auf dem Sportplatz, in der Schule, in deiner Stadt, in deiner Firma, in deiner Stadt, im Chat ...

ICH GLAUBE...

... dass du immer wieder aus einem kleinen Einfall etwas ganz Großes machen kannst!

WIMMELBILD
FÜR ALLE UNGEDULDIGEN

Du wärst oft gerne ein Rennwagen, fühlst dich
aber eher wie eine Schnecke,
die kaum vorwärtskommt?

**Mach es dir irgendwo bequem und betrachte die
verschiedenen Icons.**

Brauchen nicht ganz viele tolle Dinge lange, bis
sie wirklich gut sind – oder hast du schon mal
einen Schokoladenkuchen gegessen, der nur
2 Minuten im Backofen war?

MEINE PERSÖNLICHE

MUTMACHER-LISTE,

HERO

wenn wieder mal alles zu langsam geht.

....

....

....

....

....

LEISE WIRD LAUT

IN DER SCHULE

VON WELCHER WELT TRÄUMST DU?

ANNA ERÖFFNET EIN REPARIER-CAFÉ / TIM WIRD BALLETTTÄNZER / CLARA HILFT IN IHRER FREIZEIT GEFLÜCHTETEN AUS SYRIEN / MARK HÖRT OPERN / MARIE WIRD NONNE / ANNIKA KANN NICHT OHNE YOGA / RAMON WILL BUCHHALTER WERDEN / PETER SAMMELT BRIEFMARKEN / CAROLA TRÄUMT VOM HAUS MIT GARTEN UND GANZ VIELEN KINDERN / FÜR OLIVER STEHT FEST: NACH NEW YORK! / JANA KANN NICHT OHNE SCHLAGER-HITS

MIT WELCHEN FARBEN MACHST DU DIE WELT BUNTER?

>>>>>>>>>>>>>>>>>>>>>>>>>>

JEDER MAG,
JEDER MACHT ETWAS ANDERES –
UND DESHALB WIRD ES SO VIELFÄLTIG.

Du hast den Farbstift noch ganz zaghaft in der Hand und zögerst?

Was hält dich zurück? Wenn du nicht für Farbe sorgst, macht es vielleicht niemand.

Schwarz-Weiß-Bild ein bisschen bunt an?

Warum fängst du nicht gleich an und malst das

DER HEILIGE GEIST

STELLT DIE WELT AUF DEN KOPF UND MACHT DAS UNMÖGLICHE MÖGLICH.

An Pfingsten waren die Freunde von Jesus beieinander
mit vielen Fragezeichen im Gesicht:
Was sollen wir jetzt machen?
Was ist unsere Aufgabe?
Macht das alles überhaupt Sinn?
Da hörten sie plötzlich
ein Brausen vom Himmel.
Der Heilige Geist erfüllte den Raum,
erfüllte die Menschen,
und schaffte Neues,
ihnen wurde ganz warm
und plötzlich wussten sie:
So geht's!

Wir haben der Welt etwas Wichtiges zu erzählen,
wir haben eine ganz neue Mission,
wir bringen die Veränderung.

UND PLÖTZLICH …

… MACHTE SICH HOFFNUNGSLOSIGKEIT AUS DEM STAUB.

… verwandelte sich Mutlosigkeit in Entschlossenheit.

… füllte sich die Leere im Kopf mit 1000 Plänen.

… wurde aus »Unmöglich« »Es könnte funktionieren!«.

… nur noch ein Gedanke: »Wir legen los!

Packst du mit an?

Wir sind die Veränderung!

Gemeinsam stellen wir die Welt auf den Kopf.«

Was hast du bei der Vorbereitung
auf die Firmung über den Heiligen Geist erfahren?

Wie stellst du ihn dir vor?

Wie hast du ihn schon erlebt?

Manche sagen:

Er ist die Kraft, die Unmögliches möglich macht,
die alle Gegensätze auf den Kopf stellt,
die zeigt, dass keine Regel ohne Ausnahme ist.

DUNKEL WIRD HELL

Wenn es total finster ist ...

... braucht es jemanden, der das Licht anmacht.
Wie oft hast du diesen Job übernommen?

SCHON GEWUSST

JEDES WORT
JEDES LÄCHELN
JEDES ZUNICKEN
JEDE UMARMUNG

KANN DIE DUNKELHEIT DURCHBRECHEN

SEI DER

DER DIE

DUNKEL
HEIT

ZU
ÖREN

ÄCHELN

>>>>>>>>>>>>>

40

FUNKEN

ABLENKEN

ALTERNATIVEN AUFZEIGEN

MAHNUNGEN

ANDER HAND NEHMEN

DURCHB

RICHT

FÜR MARIE

ist es meistens nur eine Kleinigkeit, für die anderen oft die Welt. Schon morgens zaubert sie im Bus Mister Griesgram mit ihrem **Lächeln** ein Lächeln ins Gesicht.

Ihr »**Kopf hoch!**«, das sie auf dem Weg zur Schule dem Skateboarder zuwirft, motiviert ihn, es doch nochmal zu probieren.

»**Nicht so schlimm!**«, raunt sie ihrer Klassenkameradin zu, als diese betrübt das miese Ergebnis der Matheprüfung betrachtet.

Und wie oft schrieb sie in den letzten Tagen »**Ich glaub an dich!**«-Nachrichten an ihre besten Freundinnen?

I ♥ You

ERSETZ »MARIE« DURCH DEINEN NAMEN.
STIMMT DIE GESCHICHTE DANN IMMER NOCH?
WIE VIEL HAST DU MIT MARIE GEMEINSAM?

GESTRESST WIRD ENTSPANNT

EINFACH DEN BEAT AUFDREHEN

RELAX

MAL WIEDER DEN BALL KICKEN

PIZZA MIT FREUNDEN

DIE NATUR GENIESSEN

Deine Tage sind immer absolut vollgepackt und deine To-do-Liste endlos? Das Smartphone erinnert dich ständig an Dinge, die noch nicht erledigt sind, **doch für die wirklich wichtigen Dinge fehlt dir die Zeit**

SORRY WE ARE CLOSED!

MACH`S WIE GOTT:

ENTSPANN DICH MAL, KOMM RUNTER! ER HAT AM SONNTAG BLAU GEMACHT.

>>>>>>>>>>>>>

Dir fällt es oft total schwer, abzuschalten, einfach nichts zu tun? Nimm dir am Sonntag einfach mal Zeit für dich.

Schneide alle Beispiele aus, falte sie zusammen und steck sie in ein Glas.

An jedem freien Nachmittag kannst du ein Beispiel ziehen!

WENN ALLE HETZEN, EILEN,
AUSSER ATEM GERATEN, DRUCK MACHEN,
VOR PANIK DIE ÜBERSICHT VERLIEREN,
BLEIBST DU DIE RUHE MITTEN IM STURM.

←—«

SAG ZU DEN ANDEREN:

»—→

MAL LANGSAM, NUR
NICHTS ÜBERSTÜRZEN,
ATMET TIEF DURCH!

GUTSCHEIN

FÜR DICH

Lust auf eine Auszeit?

Ich zeig dir meinen ganz persönlichen Kraftort und wir klinken uns für einen Nachmittag aus der Hektik aus. Melde dich, sobald du Lust hast!

Und natürlich freue ich mich, wenn du mir dann auch deinen Energie-Ort zeigst. Wo tankst du auf? Wo kannst du abschalten? Wo gelingt es dir am besten, das Gedankenkarussell zum Stillstand zu bringen?

DA WAREN WIR:

....

AM:

....

SCHWACH WIRD STARK

WIR SIND IMMER FÜR DICH DA

ENERGIEGELADEN

GEGENSEITIG KRAFT SCHENKEN

POWER

Ist dein Akku schon wieder leer?

Was waren **die schönsten** Rückmeldungen, Nachrichten oder Komplimente, die du bisher erhalten hast?

DER BESONDERE

TIPP

Deine Familie, deine Freunde, sie alle stehen hinter dir. **Speichere positive Nachrichten,** die sie dir schicken, irgendwo ab – oder schreib sie auf, wenn sie dir diese mündlich mitteilen. Wenn du mal wieder richtig genervt oder ohne Hoffnung bist, kannst du die Nachrichten anschauen.

Und versprochen: Dir geht es gleich viel besser!

MEINE SCHÖNSTE NACHRICHT:

....

....

....

....

DAS POWER-GEBET

für den ultimativen Energie-Kick vor wichtigen Momenten!

GEBET LAUT SPRECHEN,
DANN KURZ AUGEN SCHLIESSEN
UND DANN LOS!

Alle Kraft, die in mir steckt
und deine Kraft, Heiliger Geist,
– eine unschlagbare Kombination.
Jetzt sind wir gefordert,
gemeinsam geben wir alles.

WIR ZEIGEN ES DER WELT!

MISTER 007, LADY GAGA ODER TARZAN?

Wenn dich mal wieder niemand ernst nimmt, dann denk an deinen **Spitz- oder Geheimnamen.** Er erinnert dich, was wirklich in dir steckt. **Du kannst viel mehr.**

Welcher passt am besten zu dir? Bist du ...

- ☐ MISS HOFFNUNGSVOLL
- ☐ MISTER TRÄUMEN & ANPACKEN
- ☐ LADY LÄSST-SICH-IHR-SELBSTVERTRAUEN-NIE-RAUBEN
- ☐ LORD SACKGASSEN-RAUSFINDER
- ☐ MISS LABYRINTH-BEZWINGERIN

SUPER HERO

ODER DOCH MISTER SCHLECHTE-LAUNE?

UND EINES TAGES
TREFFEN SICH IM CAFÉ
ZU CAPPUCCINO UND SCHOKOTORTE
DIE HELDINNEN DIESER STADT:

DIE STREITSCHLICHTER-KÖNIGINNEN
DIE AUFMUNTERUNGS-EXPERTEN
DIE NIE-AUFGEBEN-TRAINIERTEN

ICH BIN MIR SICHER:

**DU BIST
AUCH DABEI!**

ENG WIRD WEIT

HALTE DEINE MOMENTE FEST

DU KANNST ALLES SCHAFFEN

DENK POSITIV

POSITIVE ÜBERRASCHUNGEN

Kein Durchkommen

Manchmal wird es beim Gamen richtig eng:
Alles hängt von ein paar Millisekunden ab:

Schaffe ich es noch rechtzeitig über die enge Brücke?

**Gelingt es mir, der Gefahr auszuweichen,
den Gegner in die Knie zu zwingen?**

Worauf kommt es dann an?
Konzentrieren,
tief durchatmen,
auf dich vertrauen.

UND WENN ES MAL IM ECHTEN LEBEN ENG WIRD?

WENN SICH ALLES ZUSAMMENZIEHT, DER DICKE KLOSS IM HALS UNÜBERWINDBAR IST ...

DIE LÖSUNG: MIT WELCHEN BILDERN SETZT DU DICH DANN ZUR WEHR?

Die beste Vorbereitung: Den Alltag aufmerksam beobachten – all das Schöne mit deiner Familie, deinen Freunden, bei deinen Hobbys, die positiven Überraschungen ... nimm sie mit und speichere positive Bilder davon in deinem Kopf ab.

BEI FREUNDEN

ZUHAUSE

»Was hast du gesagt? Kannst du etwas lauter sprechen?« oder »Sei still! Du hast doch eh keine Ahnung.«

Wie oft hast du das schon gehört

GEHT ES DIR AUCH MANCHMAL

SO:

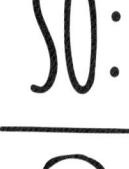

»Hätte ich doch nur eine Stimme, die jeder hört!«

Warum fallen mir nicht immer gleich die Worte
ein, die perfekt passen und alle überzeugen?

Warum zögere ich oft so lange, bis ich mich zu
Wort melde – und dabei hätte ich etwas ganz
WICHTIGES mitzuteilen?

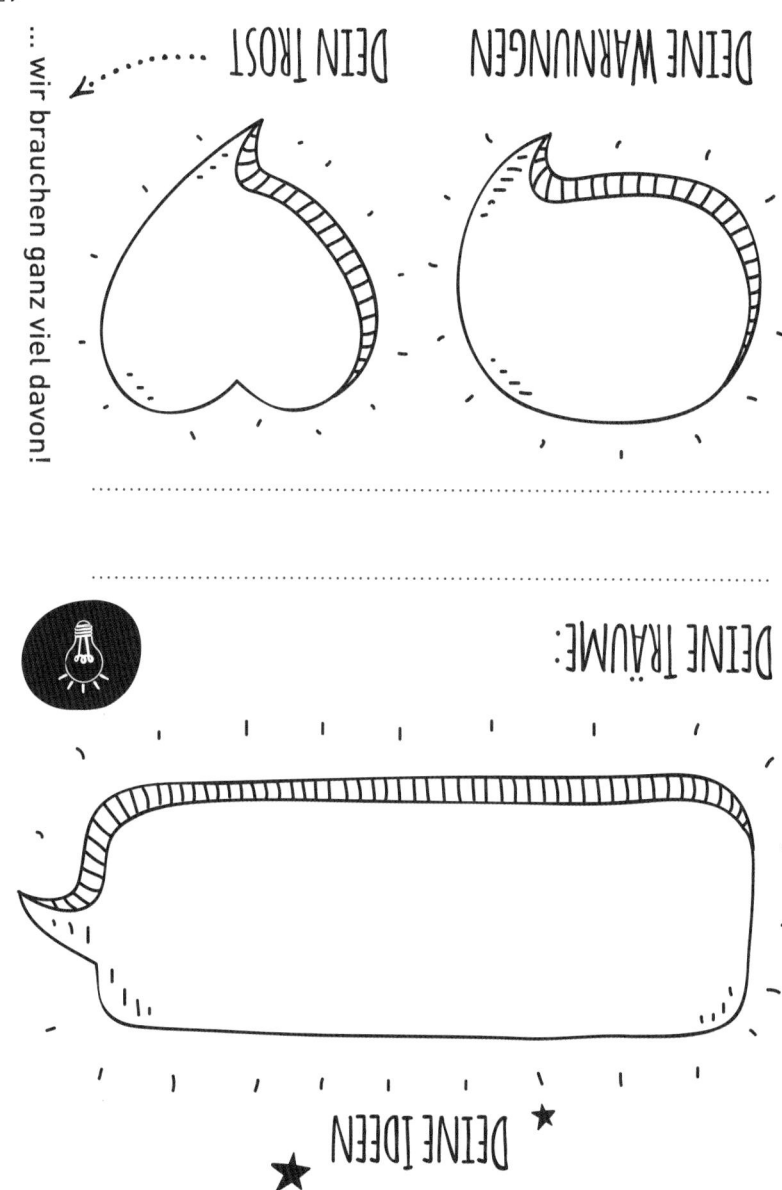

ZU VIELE

LABERN, TRATSCHEN,
QUATSCHEN, QUASSELN,
JAMMERN,
FALLEN ANDEREN INS WORT

———

ZU WENIGE

MOTIVIEREN, ERKLÄREN,
TRÖSTEN, DANKEN

SPRICH 0 X
VON DEINEM HASS

SPRICH 10 X
VON DEINEN IDEEN!

✿

DEINE IDEE:

....

DEINE WARNUNG:

....

DEIN TROST:

....

WOVON TRÄUMST DU?

....

....

.com

Schluck es nicht runter,
wenn du mit etwas
nicht einverstanden bist.

Tipp dir die Finger wund,
wenn sie sich über andere lustig machen.
Strapazier deine Stimmbänder,
bis sie heiser sind,
wenn du etwas

beobachtest.

LIKE

WELCHE APPS

SOLLTE MAN GANZ DRINGEND ERFINDEN?

DIE WORTZÄHL-MASCHINE

DEN GERÄUSCH-LÖSCHER

CLICK

DEN BLABLA-SCHLUCKER

» I HAVE
A DREAM! «,
SAGTE MARTIN LUTHER KING.

» ALLES MUSS
SICH ÄNDERN «,
ERKLÄRTE GRETA THUNBERG.

JESUS FORDERTE ALLE AUF:
» LIEB DEINEN
NÄCHSTEN
WIE DICH SELBST! «

UND AN WELCHEN SATZ VON DIR SOLL SICH DIE GANZE WELT NOCH LANGE ERINNERN?

SCHREIB AUF!

WAS WÜRDEST DU DER WELT
GERNE MAL MITTEILEN?

SCHWARZ-WEISS WIRD BUNT

Fehlt hier nicht etwas?

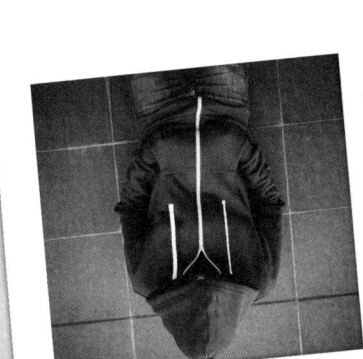

WIE VIELE KATASTROPHEN-MELDUNGEN

HAT DEIN HANDY IN DEN LETZTEN TAGEN ANGEZEIGT?

Kreuze an:

 Null

 Mehr als 3

 Mehr als 10

 Mehr als 20

HAST DU AUCH KEINE LUST MEHR

AUF NEWS UND NACHRICHTEN,
DA DIE MEISTEN DAVON SO NEGATIV SIND?
BERICHTE VON KATASTROPHEN ZIEHEN RUNTER.

IST DAS GLAS HALBLEER ODER HALBVOLL?

ES IST ALLES EINE FRAGE DER EINSTELLUNG –
SIEHST DU ALLES SCHWARZ
ODER BIST DU OPTIMIST?

Rot, gelb, grün, blau, pink, neon –
was wäre unser Alltag bloß ohne Farben?

Sie machen die Welt abwechslungsreich.

Gerade, wenn alle nur noch schwarz-weiß
denken, braucht es viele, die anderen Lust und Mut
auf Farbe machen.

Manchmal braucht es etwas Mut,
die andere Farbe zu sein
und aus der Masse herauszustechen,
doch machen es nicht gerade
diese Farben spannend?

Viele träumen von einer Welt der 1000 Farben,
einer Welt der Vielfalt,
in der jeder mutig **ICH** ist
und nicht **Kopie 712**.